KB205908

처음 시작하는 성경공부

웨스트민스터 소요리문답을 기초로
성경의 핵심내용 이해하기

세움북스는 기독교 가치관으로 교회와 성도를 건강하게 세우는 바른 책을 만들어 갑니다.

처음 시작하는 성경공부

웨스트민스터 소요리문답을 기초로
성경의 핵심내용 이해하기

초판 1쇄 발행 2019년 9월 30일
초판 3쇄 발행 2023년 1월 20일

지은이 | 김태희
펴낸이 | 강인구

펴낸곳 | 세움북스
등 록 | 제2014-000144호
주 소 | 서울시 종로구 삼일대로 428 낙원상가 5층 500-8호
전 화 | 02-3144-3500
팩 스 | 02-6008-5712
이메일 | cdgn@daum.net

디자인 | 참디자인

ISBN 979-11-87025-49-8 (03230)

처음 시작하는
성경공부

김태희 지음

세움북스

들어가는 말

믿음의 선배들은 안으로는 신자의 성숙을 위해, 밖으로는 이단의 공격을 방어하기 위해 '신앙고백서'를 작성했습니다. 그리고 신앙고백서의 내용을 쉽게 가르치고 배우기 위해, 묻고 답하는 형식의 '문답서'를 만들었습니다.

특히 종교개혁 시기에 많은 신앙고백서와 문답서가 작성되었습니다. 타락한 중세 교회가 신자들에게 성경을 가르치지 않아서, 대부분의 신자들이 하나님에 대해 무지한 상태에 있었기 때문입니다.

당시 백여 개가 넘는 신앙고백서와 문답서가 작성되었는데, 그중에 으뜸으로 꼽히는 것은 잉글랜드에서 만들어진 '웨스트민스터 신앙고백서'입니다. 경건한 지도자 151명이, 5년 6개월 동안, "성경에 없는 것은 말하지 않는다"는 원칙을 가지고, 무려 1163회의 회의를 통해 만들어낸 교회사의 걸작품입니다.

웨스트민스터 신앙고백서는 성경이 중요하게 말하는 주제 33가지를 심도 있게 설명하고 있습니다. 그리고 웨스트민스터 신앙고백서를 보다 쉽게 가르치고 배울 수 있도록 하기 위해 107개의 질문과 대답으로 새롭게 구성한 것을 '웨스트민스터 소요리문답'이라고 합니다.

그러므로 교회의 성도라면, 그리고 교회의 새가족이 된 분들이라면 반드시 '웨스트민스터 소요리문답'을 알아야 합니다. 하지만 교회의 성도와 새가족에게 '웨스트민스터 소요리문답'을 곧바로 가르치기에는 내용과 표현에 있어서 적지 않은 어려움이 있습니다. 그래서 본서는 '웨스트민스터 소요리문답'의 질문과 대답을 좀 더 쉽게 풀어서 성경의 핵심 진리를 설명하고 있습니다. 부디 이 책을 통해 교회의 성도와 새가족들이 영적으로 성장하게 되기를, 하나님의 은혜 안에서 날마다 감사하게 되기를, 그리고 교회의 일꾼이 되어 또 다른 새가족을 품게 되기를 소망합니다.

목차

우리가 존재하는 목적은 무엇일까요?

목적지 없이 도로를 달리는 차는 없습니다.
우리도 마찬가지입니다.
목적 없이 존재하는 사람은 없습니다.
이 시간에는 우리가 존재하는 목적에 대해 알아보겠습니다.

01

우리가 존재하는 목적은
무엇일까요?

> ## ❗ 하나님의 영광
> 이 백성은 내가 나를 위하여 지었나니 나를 찬송하게 하려 함이니라 이사야 43장
> 21절   그런즉 너희가 먹든지 마시든지 무엇을 하든지 다 하나님의 영광을 위하
> 여 하라 고린도전서 10장 31절

　세상 모든 것들은 존재의 목적이 있습니다. 예를 들어 자동차는 이동을 돕기 위해 존재합니다. 돈은 경제활동을 위해 존재합니다. 가위는 무언가를 자르기 위해 존재합니다. 그릇은 음식을 담기 위해 존재합니다. 에어컨은 시원함을 위해, 난로는 따뜻함을 위해 존재합니다. 우리 역시 존재의 목적이 있습니다. 성경은 우리의 존재 목적을 다음과 같이 말합니다.

　"이 백성은 내가 나를 위하여 지었나니 나를 찬송하게 하려 함이니라.", "그런즉 너희가 먹든지 마시든지 무엇을 하든지 다 하나님의 영광을 위하여 하라."

　이처럼 우리는 하나님을 위해 창조되었습니다. 하나님의 영광을 위해 창조되었습니다. 그러므로 우리의 존재 목적은 하나님을 영화롭게 하는 것입니다. 결코 우리 자신을 영화롭게 하는 것이 아닙니다.

02

제2문

하나님을 영광스럽게 하는 방법은
어디서 찾을 수 있을까요?

> **ℹ 성경**
> 모든 성경은 하나님의 감동으로 된 것으로 교훈과 책망과 바르게 함과 의로 교
> 육하기에 유익하니 이는 하나님의 사람으로 온전하게 하며 모든 선한 일을 행
> 할 능력을 갖추게 하려 함이라 디모데후서 3장 16-17절

우리는 하나님의 영광을 위해 존재합니다. 그런데 하나님을 영광스럽게 하는 방법을 스스로 알아낼 수는 없습니다. 그 이유는 개미가 사람의 마음을 알 수 없고, 꿀벌이 인간의 사회를 이해할 수 없는 것과 같습니다. 개미와 사람 사이에 커다란 간격이 있는 것처럼, 하나님과 사람 사이에는 무한한 간격이 있습니다.

그래서 '계시'가 필요합니다. 계시란 숨겨진 것을 밝히 드러낸다는 뜻입니다. 하나님께서 자신을 계시하신 도구는 '성경'입니다. 그래서 하나님을 영화롭게 하는 방법을 알기 위해서는 반드시 성경을 보아야 합니다.

제3문

성경이 가장 중요하게 가르치는 것은 무엇일까요?

> **❗ 하나님에 대하여 믿어야 할 바**
>
> 오직 이것을 기록함은 너희로 예수께서 하나님의 아들 그리스도이심을 믿게 하려 함이요 또 너희로 믿고 그 이름을 힘입어 생명을 얻게 하려 함이니라 요한복음 20장 31절
>
> **❗ 하나님께서 사람에게 요구하시는 의무**
>
> 사람아 주께서 선한 것이 무엇임을 네게 보이셨나니 여호와께서 네게 구하시는 것은 오직 정의를 행하며 인자를 사랑하며 겸손하게 네 하나님과 함께 행하는 것이 아니냐 미가서 6장 8절

성경은 이 세상에서 가장 중요한 책입니다. 백과사전처럼 다양한 지식을 담고 있어서가 아닙니다. 오직 성경만이 우리가 반드시 알아야 할 두 가지 진리를 알려주기 때문입니다. 첫 번째는 "하나님은 어떤 분인가?" 하는 것이고(요 20:31), 두 번째는 "우리는 어떻게 살아야 하는가?" 하는 것입니다(미 6:8).

제4문

성경이 말하는 하나님은 어떤 분이실까요?

❗ 영이신 하나님
하나님은 영이시니 예배하는 자가 영과 진리로 예배할지니라 요한복음 4장 24절

❗ 지혜가 무궁하신 하나님
우리 주는 위대하시며 능력이 많으시며 그의 지혜가 무궁하시도다 시편 147편 5절

❗ 선하신 하나님
여호와는 선하시니 그의 인자하심이 영원하고 그의 성실하심이 대대에 이르리로다 시편 100편 5절

❗ 천지에 충만하신 하나님
여호와의 말씀이니라 사람이 내게 보이지 아니하려고 누가 자신을 은밀한 곳에 숨길 수 있겠느냐 여호와가 말하노라 나는 천지에 충만하지 아니하냐 예레미야 23장 24절

❗ 영원하신 하나님
산이 생기기 전, 땅과 세계도 주께서 조성하시기 전 곧 영원부터 영원까지 주는 하나님이시니이다 시편 90편 2절

❗ 변하지 않으시는 하나님
나 여호와는 변하지 아니하나니 그러므로 야곱의 자손들아 너희가 소멸되지 아니하느니라 말라기 3장 6절

하나님은 '영'이십니다(요 4:24). 하나님은 육신이 없다는 뜻입니다. 하나님은 몸을 가진 모든 피조물과 구별된다는 뜻입니다. 따라서 하나님이 영이라는 것은, 하나님이 신이라는 뜻입니다. 하나님은 지혜가 무궁하십니다(시 147:5). 하나님은 모든 것을 아신다는 뜻입니다. 하나님은 선하십니다(시 100:5). 하나님께는 악이 전혀 없다는 뜻입니다. 하나님은 천지에 충만하십니다(렘 23:24). 하나님은 세상 어디에나 계시다는 뜻입니다. 하나님은 결코 변하지 않으십니다(말 3:6). 사람의 생각과 태도는 자주 변하지만, 하나님은 결코 변하지 않으신다는 뜻입니다.

05

제5문

이런 하나님은 모두 몇 분이실까요?

> **❗ 한 분 하나님**
>
> 이스라엘아 들으라 우리 하나님 여호와는 오직 유일한 여호와이시니 신명기 6장 4절

성경은 하나님이 유일하시다고 말합니다. 영이시고, 지혜가 무궁하시고, 선하시고, 세상 어디에나 계시고, 결코 변하지 않는 하나님은 단 한 분밖에 없습니다.

06

하나님은 세 분 아닌가요?

❗ 삼위 하나님

그러므로 너희는 가서 모든 민족을 제자로 삼아 아버지와 아들과 성령의 이름으로 세례를 베풀고 마태복음 28장 19절

성경에는 하나님이 세 분인 것처럼 보이는 말씀이 있습니다. "아버지와 아들과 성령의 이름으로 세례를" 베풀라는 말씀이 대표적입니다. 여기서 우리는 아버지 하나님, 아들 하나님, 성령 하나님을 동시에 보게 됩니다. 그렇다고 해서 하나님을 세 분이라고 표현해서는 안 됩니다. 성경은 하나님이 유일하시다고 말하고 있고, 성경에는 오류가 없기 때문입니다. 그래서 교회는 '세 분'이라는 표현 대신, '삼 위'라는 표현을 사용합니다. 여기서 '위'라는 것은 구분되는 인격을 뜻합니다. 따라서 기독교의 하나님은 한 분이면서, 동시에 성부, 성자, 성령으로 구분되시는 분입니다. 한 분이신 하나님이 동시에 아버지와 아들과 성령으로 구분되신다는 것은 인간의 지혜로 이해할 수 없는 신비입니다. 하지만 우리가 다 이해할 수 있는 존재라면, 그분은 결코 하나님일 수 없을 것입니다. 따라서 한 분이면서 삼위이신 하나님은 이해의 대상이 아니라 믿음의 대상입니다.

생각해보기

Think about it

Q. 지금까지 어떤 목적을 가지고 살아오셨나요? 원래 가지고 있었던 삶의 목적과, 성경이 말하는 삶의 목적은 어떻게 다릅니까?

Q. 오늘 공부를 통해 새롭게 알게 된 것은 무엇인가요?

02
둘째 주

세상은 왜 이렇게 되었을까요?

하루가 멀다 하고 잔인한 사건과 사고가 발생합니다. 전쟁과 살인이
끊이지 않습니다. 세상에 이토록 슬픔과 눈물이 가득한 이유는 무엇
일까요? 하나님의 창조에 문제가 있기 때문일까요? 이 시간에는 이
질문의 답을 찾아보겠습니다.

01

제7문

하나님께서 가장 처음
하신 일은 무엇일까요?

> **❶ 하나님의 작정**
> 모든 일을 그의 뜻의 결정대로 일하시는 이의 계획을 따라 우리가 예정을 입어
> 그 안에서 기업이 되었으니 이는 우리가 그리스도 안에서 전부터 바라던 그의
> 영광의 찬송이 되게 하려 하심이라 에베소서 1장 11-12절

성경에 기록된 사건 가운데, 하나님께서 가장 처음 하신 일은 '창조'가 아니라 '작정'입니다. '작정'이란 하나님께서 자신의 목적을 성취하기 위해서, 세상을 창조하기 전에 세우신 계획입니다(엡 1:11).

하나님은 무작정 어떤 일을 시작하는 분이 아니라, 먼저 계획을 세우시고, 그 계획을 따라 일하는 분이십니다. 따라서 하나님의 창조 역시 하나님의 계획을 성취하기 위한 과정입니다.

제8-9문

하나님께서 자신의 계획을 이루기 위해
하신 일은 무엇일까요?

> **❗ 하나님의 창조**
>
> 태초에 하나님이 천지를 창조하시니라 창세기 1장 1절   하나님이 지으신 그 모든
> 것을 보시니 보시기에 심히 좋았더라 저녁이 되고 아침이 되니 이는 여섯째 날
> 이니라 창세기 1장 31절

하나님의 계획이 실현되려면, 그 계획이 이루어질 수 있는 현장이 있어야 합니다. 그래서 하나님은 온 우주 만물을 창조하셨습니다. 따라서 세상 모든 것들은 하나님을 위해 존재하며, 하나님과 상관없는 것은 아무것도 없습니다.

하나님의 창조에는 크게 세 가지 특징이 있습니다. 첫째, 아무것도 없는 가운데 모든 것을 만드셨습니다. 둘째, 오직 말씀만으로 모든 것을 만드셨습니다. 셋째, 보시기에 심히 좋게 만드셨습니다.

제10문

하나님께서 사람은
어떻게 창조하셨을까요?

> **❗ 하나님의 형상**
>
> 하나님이 자기 형상 곧 하나님의 형상대로 사람을 창조하시되 남자와 여자를
> 창조하시고 창세기 1장 27절

하나님은 사람을 '하나님의 형상'으로 창조하셨습니다(창1:27). 사람이 하나님의 형상이란 말은, 사람이 하나님을 닮았다는 뜻입니다. 하나님께서는 오직 사람에게만, 하나님을 아는 지식과, 하나님을 닮은 의로움과 거룩함을 주셨습니다. 이와 같은 지식과 의와 거룩함은 오직 사람에게만 주신 것입니다. 그러므로 하나님의 형상은 사람이 가진 가장 고귀한 특권입니다.

04

하나님께서 자신의 계획을 이루기 위해 하신 또 다른 일은 무엇일까요?

❗ 하나님의 섭리

참새 두 마리가 한 앗사리온에 팔리지 않느냐 그러나 너희 아버지께서 허락하지 아니하시면 그 하나도 땅에 떨어지지 아니하리라 너희에게는 머리털까지 다 세신 바 되었나니 두려워하지 말라 너희는 많은 참새보다 귀하니라 마태복음 10장 29-31절

　하나님은 계획을 세우셨습니다. 그리고 계획이 실현될 수 있도록 온 세상을 창조하셨습니다. 그런데 하나님께서 창조하기만 하고 간섭하지 않으신다면 어떻게 될까요? 세상은 하나님의 뜻과 상관없이 돌아갈 것입니다. 그래서 하나님은 세상에 간섭하십니다. 어느 한 부분이 아니라, 모든 시간과 모든 사건에 간섭하십니다. 이것을 '하나님의 섭리'라고 합니다.

　성경은 참새와 같은 작은 미물이 죽고 사는 일도 하나님의 섭리에 달려 있다고 말합니다. 참새 같은 미물의 생사도 하나님의 뜻에 달려 있는 것처럼, 이 세상에 하나님의 섭리와 상관없는 일은 아무것도 없습니다. 그래서 우리는 기쁠 때는 하나님께 감사해야 합니다. 하나님께서 섭리하신 결과이기 때문입니다. 슬플 때는 하나님의 뜻을 생각해야 합니다. 고통 역시 하나님께서 섭리하신 결과이기 때문입니다.

05

하나님께서 사람에게 특별히
섭리하신 것은 무엇일까요?

> **❗ 생명언약**(행위언약)
>
> 여호와 하나님이 그 사람에게 명하여 이르시되 동산 각종 나무의 열매는 네가 임의로 먹되 선악을 알게 하는 나무의 열매는 먹지 말라 네가 먹는 날에는 반드시 죽으리라 하시니라 창세기 2장 16-17절

하나님은 사람과 '생명언약'을 맺으셨습니다. 그 내용은 선악을 알게 하는 나무의 열매를 금하고, 먹는 날에는 죽음으로 벌하겠다고 하신 것입니다. 하지만 하나님께서 사람과 생명언약을 맺은 것은, 죽이기 위한 것이 아닙니다. 사람은 이 언약에 순종함으로서 영원한 생명을 얻을 수 있었습니다. 따라서 생명언약은 죽이기 위한 것이 아니라 살리기 위한 것이었습니다.

제13-14문

죄란 무엇일까요?

❗ 율법을 범하는 것

만일 누구든지 여호와의 계명 중 하나를 부지중에 범하여도 허물이라 벌을 당할 것이니 레위기 5장 17절

성경은 여호와의 계명 중 하나를 어기는 것이 허물이라고 말합니다. 죄라는 것입니다. 이처럼 하나님의 율법을 어기거나, 순종하더라도 부족하게 순종하는 것을 죄라고 합니다. 하나님의 형상으로 창조된 인간이, 지금은 하나님의 형상을 대부분 잃어버린 이유가 바로 여기에 있습니다. 하나님께 순종하는 대신 죄를 지었기 때문입니다.

제15문

우리의 시조는
어떤 죄를 지었을까요?

> **❗ 생명언약을 어김**
> 여자가 그 나무를 본즉 먹음직도 하고 보암직도 하고 지혜롭게 할 만큼 탐스럽
> 기도 한 나무인지라 여자가 그 열매를 따먹고 자기와 함께 있는 남편에게도 주
> 매 그도 먹은지라 창세기 3장 6절

우리의 시조 아담이 지은 죄는 선악을 알게 하는 나무의 열매를 먹은 일입니다. 이 일은 그저 열매 하나 따먹은 사소한 일이 아니라, 온 우주의 왕이신 하나님의 뜻을 정면으로 어긴 반역행위였습니다.

08

첫 사람의 범죄는 우리와
어떤 관련이 있을까요?

> **⚠ 대표성의 원리**
>
> 그러므로 한 사람으로 말미암아 죄가 세상에 들어오고 죄로 말미암아 사망이
> 들어왔나니 이와 같이 모든 사람이 죄를 지었으므로 사망이 모든 사람에게 이
> 르렀느니라 로마서 5장 12절

성경은 아담 한 사람이 범죄 한 것을 두고, 모든 사람이 죄를 지은 것이라고 말합니다. 그 이유는 아담이 모든 사람의 대표이기 때문입니다. 아담은 그저 첫 번째 사람이기만 한 것이 아니라, 모든 인류의 대표였습니다. 국가 대표의 승리가 곧 전 국민의 승리이고, 국가 대표의 패배가 곧 온 국민의 패배인 것처럼, 아담의 범죄는 모든 인류의 범죄나 마찬가지였습니다. 그래서 아담이 죄를 짓는 순간, 모든 인류는 아담과 함께 죄인이 되었습니다.

09

제17-18문

대표자 아담이 가져온 것은
무엇일까요?

> **❗ 원죄와 자범죄**
>
> 그러므로 한 사람으로 말미암아 죄가 세상에 들어오고 죄로 말미암아 사망이
> 들어왔나니 이와 같이 모든 사람이 죄를 지었으므로 사망이 모든 사람에게 이
> 르렀느니라 로마서 5장 12절 기록된 바 의인은 없나니 하나도 없으며 로마서 3장 10절

아담은 죄인이 되었습니다. 아담의 마음은 죄로 가득하게 되었고, 죄 짓는 것을 좋아하게 되었습니다. 이런 성향은 아담의 후손에게도 유전되었습니다. 그래서 모든 사람은 죄짓기를 좋아하는 성향을 가진 상태로 태어납니다. 이것을 '원죄'라고 합니다. 그리고 원죄로 인해 사람은 실제로 죄를 짓습니다. 이것을 '자범죄'라고 합니다.

10

제19문

아담이 범죄 한 이후 하나님과 세상의 관계는 어떻게 변했을까요?

> **❗ 하나님의 진노와 심판**
> 하나님의 진노가 불의로 진리를 막는 사람들의 모든 경건하지 않음과 불의에 대하여 하늘로부터 나타나나니 로마서 1장 18절

바퀴벌레를 사랑스런 눈으로 보는 사람은 없습니다. 더러운 구정물을 마시고 싶어 하는 사람도 없습니다. 하나님께서 사람을 보는 관점도 마찬가지입니다. 이제 사람은 하나님의 형상을 대부분 잃어버렸습니다. 거의 없는 것이나 마찬가지가 되었습니다. 대신 원죄와 자범죄를 가진 죄인이 되었습니다. 그래서 하나님은 사람들에게 진노하십니다. 심판을 예비하십니다. 이제 더 이상 인간은 하나님의 형상을 가진 고귀한 존재가 아닙니다. 하나님의 심판을 기다리는 비참한 존재입니다.

생각해보기

Think about it

Q. 하나님의 섭리, 즉 하나님의 인도하심을 경험한 적이 있으면 나누어 봅시다. 오늘 공부를 통해 새롭게 알게 된 것은 무엇인가요?

Q. 모든 사람이 죄인이며, 하나님의 심판 아래 있다는 사실을 어떻게 생각하십니까?

예수님이 오신 이유는 무엇일까요?

모든 사람은 죄인입니다. 죄를 지어서 죄인이 아니라, 태어나면서부터 죄인입니다. 그래서 사람에게는 아무런 소망이 없습니다. 스스로의 힘으로는 죄인의 본성을 극복할 수 없기 때문입니다. 그래서 하나님께서 역사에 개입하셨습니다. 자기 아들을 인간의 모습으로 이 세상에 보내셨습니다. 이 시간에는 하나님의 아들이신 예수님께서 이세상에 오셔서 하신 일을 살펴보겠습니다.

01

제20문

하나님의 진노에서 구원을
받을 수 있는 사람은 누구일까요?

> **❗ 택함받은 사람**
>
> 곧 창세 전에 그리스도 안에서 우리를 택하사 우리로 사랑 안에서 그 앞에 거룩하고 흠이 없게 하시려고 그 기쁘신 뜻대로 우리를 예정하사 예수 그리스도로 말미암아 자기의 아들들이 되게 하셨으니 에베소서 1장 4-5절 이방인들이 듣고 기뻐하여 하나님의 말씀을 찬송하며 영생을 주시기로 작정된 자는 다 믿더라 사도행전 13장 48절

흉악한 죄인을 볼 때 대부분의 사람들은 혐오감을 느낍니다. 하나님께서 사람을 보시는 관점도 마찬가지입니다. 이제 사람은 하나님 앞에서 진노와 심판의 대상입니다. 그런데 모든 사람이 심판을 받는 것은 아닙니다. 하나님께서 어떤 사람들을 택하셔서(엡 1:4-5), 그들에게 영생을 주시기로 작정하셨기 때문입니다(행 13:48). 바로 이것을 '은혜언약'이라고 합니다.

'은혜언약'은 앞서 소개한 '생명언약'과 여러 부분에서 다릅니다. 생명언약은 완전한 순종을 요구합니다. 하나님의 율법을 모두 지켜야만 영생을 얻을 수 있습니다. 그런데 은혜언약은 믿음을 요구합니다. 하나님께서 보내신 구원자를 믿는 것이 은혜언약의 내용입니다.

제21-22문

우리가 믿어야 할 구원자는
누구일까요?

❶ 하나님이면서 동시에 사람이신 분

주 예수를 믿으라 그리하면 너와 네 집이 구원을 받으리라 사도행전 16장 31절   하나님은 한 분이시요 또 하나님과 사람 사이에 중보자도 한 분이시니 곧 사람이신 그리스도 예수라 디모데전서 2장 5절

우리의 구원자는 두 가지 조건을 갖추어야 합니다. 첫째, 우리의 구원자는 반드시 하나님이어야 합니다. 하나님만이 선택받은 죄인들을 대신할 수 있기 때문입니다. 예를 들어 은행에서 일억을 빌렸는데, 백만 원만 갚아서는 안 됩니다. 백만 원은 일억보다 가치가 적기 때문입니다. 마찬가지 원리로 짐승은 사람을 대신할 수 없습니다. 짐승은 사람보다 가치가 적기 때문입니다. 사람도 다른 사람을 대신할 수 없습니다. 모든 사람은 죄인으로서, 심판의 대상이기 때문입니다. 그래서 우리의 구원자는 반드시 하나님이어야 합니다. 하나님은 모든 사람을 대신할만한 가치를 가지고 있을 뿐만 아니라 죄가 전혀 없으시기 때문입니다. 둘째, 우리의 구원자는 반드시 사람이어야 합니다. 하나님께 죄를 지은 대상이 사람이기 때문입니다. 그래서 우리의 구원자는 사람을 대표하기 위해 동일한 사람이어야 합니다. 그렇다면 누가 이 두 가지 조건을 모두 만족할 수 있을까요? 여기에 부합하는 자격을 갖춘 분은 한 분밖에 없습니다. 바로 사람이 되신 하나님의 아들, 예수 그리스도입니다. 그래서 성경은 "사람이신 그리스도 예수"만 하나님과 사람 사이의 중보자, 즉 '화해자'가 될 수 있다고 말합니다.

03

예수님이 그리스도라는 것은
어떤 뜻일까요?

> **❗ 선지자, 제사장, 왕**
>
> 주의 성령이 내게 임하셨으니 이는 가난한 자에게 복음을 전하게 하시려고 내게 기름을 부으시고 나를 보내사 포로 된 자에게 자유를, 눈 먼 자에게 다시 보게 함을 전파하며 눌린 자를 자유롭게 하고 누가복음 4장 18절

　사람이 되신 하나님의 아들을 "그리스도 예수"라고 부릅니다(딤전 2:5). '예수'는 이름을 뜻하고, '그리스도'는 직분을 뜻합니다. 즉, 예수는 하나님의 아들께서 취하신 '이름'이고, 그리스도는 하나님의 아들께서 하신 '일'입니다.

　그렇다면 '그리스도'는 어떤 일을 하는 사람일까요? 그리스도는 '메시야'라는 히브리어를 번역한 것으로서, '기름부음 받은 자'를 의미합니다. 성경을 보면 아무에게나 기름을 붓지 않았습니다. 오직 세 가지 직분만 기름을 부어 세웠습니다. 선지자와 제사장과 왕입니다. 그러므로 예수님이 하나님께 기름부음을 받으셨다는 것은(눅 4:18), 하나님께서 예수님을 선지자, 제사장, 왕으로 세우셨다는 뜻입니다.

04

예수님께서 선지자로서
하신 일은 무엇일까요?

❗ 성경과 성령으로

본래 하나님을 본 사람이 없으되 아버지 품 속에 있는 독생하신 하나님이 나타
내셨느니라 요한복음 1장 18절

선지자는 하나님의 말씀을 전달하는 사람입니다. 성경은 예수님께서 하나님을 나타내셨다고 말합니다(요 1:18). 예수님께서 선지자의 일을 하셨다는 뜻입니다.

예수님은 이 땅에 계실 때는 육성으로 하나님의 말씀을 전해주셨고, 하늘에 계신 지금은 '성경'과 '성령'으로 하나님의 말씀을 전해주십니다. 그래서 성경과 성령은 반드시 함께 있어야 합니다. 예를 들어 성경 없이는 하나님의 뜻을 알 수 없습니다. 또 성경만 있어서는 성경을 이해할 수 없습니다. 반드시 성령께서 성경을 이해시켜 주셔야 합니다. 지금 예수님은 성경과 성령으로 선지자의 일을 하십니다.

05

제25문

예수님께서 제사장으로서
하신 일은 무엇일까요?

> **❗ 자신을 제물로**
>
> 오직 그리스도는 죄를 위하여 한 영원한 제사를 드리시고 하나님 우편에 앉으사
>
> 히브리서 10장 12절

　제사장은 하나님과 사람 사이를 화해시키는 사람입니다. 사람이 하나님과 화해하기 위해서는 죄를 해결해야 합니다. 제사장은 짐승을 사람 대신 죽이는 일을 통해 이 직분을 수행했습니다. 그런데 짐승으로 드리는 제사는 한계가 있었습니다. 짐승은 사람보다 가치가 적기 때문입니다. 그래서 짐승 제사는 계속 반복되어야 했습니다. 하지만 이제는 제사를 반복하지 않습니다. 제사장이신 예수님께서 십자가 위에서 자기 몸으로 제사를 드리셨기 때문입니다.

　예수님은 하나님이시기 때문에, 자신을 한 번 드리는 것으로도 택함받은 자들의 죄를 해결하기에 충분합니다. 그래서 성경은 예수님께서 "한 영원한 제사"를 드리셨다고 말합니다(히 10:12). 예수님께서 자기 몸으로 드린 제사는 한 번으로 충분하며, 영원한 효력을 가진다는 뜻입니다. 따라서 예수님께서 십자가에서 죽으실 때 우리의 죄는 완전히 해결되었으며, 하나님의 진노에서 완전히 해방되었습니다.

06

제26문

예수님께서 왕으로서
하시는 일은 무엇일까요?

> **❗ 보호**
> 볼지어다 내가 세상 끝날까지 너희와 항상 함께 있으리라 하시니라 마태복음 28장
> 20절

　왕은 자기 백성을 지키고 보호하는 사람입니다. 예수님은 "내가 세상 끝날까지 너희와 항상 함께 있으리라"고 말씀하셨습니다. 우리의 왕이 되셔서 우리를 영원토록 지키고 보호하신다는 뜻입니다. 그러므로 우리의 구원은 안전합니다. 아무도 우리를 예수님에게서 빼앗을 수 없습니다.

제27문

예수님은 우리의 구원을 위해
얼마나 낮아지셨습니까?

ⓘ 낮아지신 예수님

사람의 모양으로 나타나사 자기를 낮추시고 죽기까지 복종하셨으니 곧 십자가
에 죽으심이라 빌립보서 2장 8절

구원받기 위해 우리가 한 일은 아무것도 없습니다. 하지만 예수님은 커다란 희생을 치르셔야 했습니다. 예수님은 우리를 구원하기 위해 사람이 되셨고, 사람이 일반적으로 겪는 비참한 일들을 모두 겪으셨고, 심지어는 십자가에서 죽으시고, 무덤에 장사되기까지 하셨습니다. 이 모든 것이 우리를 위해 하신 일입니다. 그러므로 우리의 구원은 참으로 놀랍고 신비한 일입니다. 구원은 우리가 영원토록 감사하고 찬양해야 할 제목입니다.

제28문

예수님은 우리의 구원을 위해
얼마나 높아지셨습니까?

❗ 높아지신 예수님

그의 능력의 말씀으로 만물을 붙드시며 죄를 정결하게 하는 일을 하시고 높은 곳에 계신 지극히 크신 이의 우편에 앉으셨느니라 히브리서 1장 3절   인자가 아버지의 영광으로 그 천사들과 함께 오리니 그 때에 각 사람이 행한 대로 갚으리라 마태복음 16장 27절

예수님은 우리의 구원을 위해 그저 낮아지기만 하신 것이 아닙니다. 우리의 구원을 위해 높아지기도 하셨습니다. 첫째, 우리를 위해 다시 살아나셨습니다. 그리하여 우리에게 부활의 소망을 주셨습니다. 둘째, 우리를 위해 하늘로 올라가셨습니다. 그리하여 우리에게 하늘 소망을 주셨습니다. 셋째, 우리를 위해 하늘에서 온 세상을 다스리십니다. 그리하여 우리에게 평안과 안식을 주십니다. 넷째, 우리를 위해 세상을 심판하러 다시 오실 것입니다. 그리하여 우리를 영원한 기쁨이 있는 곳으로 인도하실 것입니다.

생각해보기

Think about it

Q. 하나님께서 세상을 창조하기 전부터 나를 아시고, 친히 택하셨다는 것을 어떻게 생각하십니까?

Q. 오직 예수님 때문에, 오직 은혜로 구원받는다는 사실을 어떻게 생각하십니까?

04
넷째 주

성령님은 무엇을 하실까요?

세상 사람들은 성경을 하나님의 말씀으로 믿지 않습니다. 하지만 우리는 성경을 하나님의 말씀으로 믿습니다. 세상 사람들은 예수님을 유일한 구원자로 믿지 않습니다. 하지만 우리는 예수님만을 유일한 구원자로 믿습니다. 이런 차이가 발생하는 이유는 무엇일까요? 이 시간에는 이 질문의 답을 찾아보겠습니다.

제29문

우리는 누구 때문에 예수님을 믿는 믿음을 가지게 되었을까요?

> **❗ 구원을 적용하시는 성령님**
>
> 우리를 구원하시되 우리가 행한 바 의로운 행위로 말미암지 아니하고 오직 그의 긍휼하심을 따라 중생의 씻음과 성령의 새롭게 하심으로 하셨나니 디도서 3장 5절

성부 하나님은 창세전에 우리의 구원을 계획하셨습니다(엡 1:4). 성자 하나님은 십자가 위에서 우리의 구원을 이루셨습니다(요 19:30). 그렇다면 성령 하나님은 우리의 구원을 위해 어떤 일을 하실까요? 성령 하나님은 성부 하나님께서 계획하시고, 성자 하나님께서 이루신 구원을 우리에게 적용하는 일을 하십니다.

성령님께서 우리에게 구원을 적용하는 방법은 '믿음'입니다. 성령님은 우리에게 믿음을 주시고, 그 믿음을 통해 구원이 우리에게 적용되게 하십니다. 바로 이것이 우리가 예수님을 믿을 수 있었던 근거입니다. 우리가 유독 착하거나, 선해서가 아닙니다. 그래서 성경은 우리의 행위가 아니라, "성령의 새롭게 하심"을 통해 우리가 구원을 받았다고 말합니다.

02

제30문

우리가 예수님을 믿을 때
어떤 일이 일어날까요?

❶ 그리스도와의 영적 연합

주와 합하는 자는 한 영이니라 고린도전서 6장 17절   오직 사랑 안에서 참된 것을
하여 범사에 그에게까지 자랄지라 그는 머리니 곧 그리스도라 에베소서 4장 15절

하나님은 예수님을 믿는 자들이 예수님과 연합되게 하십니다. 그래서
예수님을 믿는 자들은 예수님과 연합된 존재입니다. 그런데 왜 느껴지지
않을까요? 물질적인 연합이 아니라 영적인 연합이기 때문입니다. 우리
는 예수님과 영적으로 한 몸입니다(고전 6:17).

예수님과 연합되었다는 것은, 예수님에게 소속되었다는 뜻입니다. 그
러므로 믿는 자들의 대표는 더 이상 아담이 아닙니다. 예수님입니다. 그
래서 믿는 자들은 더 이상 아담으로부터 내려오는 원죄의 저주 아래 있지
않습니다. 이제 우리의 머리는 그리스도입니다(엡 4:15). 이제 우리에게는
예수님의 의로움이 전가되어 있습니다.

제31문

성령님은 믿음을 주시기 위해, 무엇을 깨닫게 하십니까?

> **❗ 죄와 비참**
> 그들이 이 말을 듣고 마음에 찔려 베드로와 다른 사도들에게 물어 이르되 형제
> 들아 우리가 어찌할꼬 하거늘 사도행전 2장 37절

모든 사람들은 죄인이며, 하나님의 진노와 심판의 대상입니다. 따라서 매우 비참한 존재입니다. 그런데 사람들은 이 사실을 모릅니다. 자신이 죄인이라는 것과, 하나님의 심판이 자신을 기다린다는 것을 모릅니다.

그래서 성령님은 택함받은 자들에게 이 두 가지를 깨닫게 하십니다. 자신의 죄와 비참함을 알게 하십니다. 그리고 자신의 죄와 비참함을 알게 된 자들은, 구원받기 위해 예수님을 바라볼 수밖에 없습니다. 예수님을 의지할 수밖에 없습니다.

바로 이것이 우리에게 믿음을 주시기 위해 성령께서 하는 일입니다. 유대인들이 베드로의 설교를 듣고, 마음이 찔렸던 이유가 바로 여기에 있습니다(행 2:37). 성령께서 그들의 죄와 비참함을 알게 하셨기에, 곧바로 예수님을 믿게 되었던 것입니다.

제32-33문

예수님을 믿는 자를 하나님께서
어떻게 여기실까요?

> ❗ **칭의**
> 한 사람이 순종하지 아니함으로 많은 사람이 죄인 된 것 같이 한 사람이 순종하
> 심으로 많은 사람이 의인이 되리라 로마서 5장 19절

하나님은 아담 한 사람이 범죄하였을 때, 아담 한 사람만이 아니라 모든 사람을 죄인으로 여기셨습니다. 아담이 온 인류의 대표였기 때문입니다. 이제 하나님은 예수님만이 아니라, 예수님을 믿는 모든 사람을 의인으로 여기십니다(롬 5:19). 예수님이 택함받은 자들의 대표이기 때문입니다.

예수님 때문에 모든 죄를 용서받고, 의롭다 함을 얻는 것을 '칭의'라고 합니다. 칭의의 근거는 예수님입니다. 예수님께서 우리 대신 십자가에서 죽으셨고, 예수님께서 우리 대신 모든 율법을 지키셨기 때문입니다. 따라서 하나님께서 우리를 의롭다 하시는 근거는 우리의 선행과 공로가 아닙니다. '오직 예수'입니다. 정리하면 예수님을 믿는 사람은 죄인에서 의인으로 신분이 변화됩니다. 실제로는 죄인이지만, 법적으로는 의인이 되는 것입니다.

05

제34문

예수님을 믿는 자는 하나님과 어떤 관계를 가지게 될까요?

> **❗ 양자 됨**
> 영접하는 자 곧 그 이름을 믿는 자들에게는 하나님의 자녀가 되는 권세를 주셨으니 요한복음 1장 12절

예수님을 믿으면 하나님 앞에서 우리의 신분에 변화가 일어납니다. 하나님은 우리를 죄인이 아니라 의인으로 여겨주십니다. 신분에 변화가 일어났으므로, 관계에도 변화가 일어납니다. 이것을 '양자 됨'이라고 합니다.

하나님은 예수님을 믿어 의인이 된 자들을, 자신의 자녀로 입양하십니다. 우리의 하늘 아버지가 되어 주십니다. 하나님께서 우리의 기도에 응답하고, 우리의 필요를 채워주시는 것은, 하나님은 우리의 아버지이시고, 우리는 하나님의 자녀이기 때문입니다. 우리가 "하늘에 계신 우리 아버지여"라고 기도할 수 있는 이유가 바로 여기에 있습니다.

제35문

예수님을 믿는 자는
어떻게 변화될까요?

🔴 **성화**

너희 안에서 행하시는 이는 하나님이시니 자기의 기쁘신 뜻을 위하여 너희에게 소원을 두고 행하게 하시나니 빌립보서 2장 13절

칭의는 실제적인 의로움이 아니라 신분적인 의로움입니다. 그래서 믿는 자들도 실제로는 죄를 짓습니다. 하지만 계속해서 죄를 지을 수는 없습니다. 우리의 하늘 아버지께서, 우리를 그냥 내버려 두시지 않기 때문입니다. 하나님은 우리 마음에 선한 소원을 주십니다(빌 2:13). 그리하여 점점 선한 삶을 살게 하십니다. 예를 들어 우리가 누군가를 용서하려는 마음을 품게 되었다면 그 마음은 우리에게서 나온 것이 아닙니다. 하나님께서 주신 것입니다. 우리가 누군가를 도우려는 마음을 품게 되었다면 그 마음도 우리에게서 나온 것이 아닙니다. 하나님께서 주신 것입니다. 하나님은 이런 방식으로 우리를 점점 거룩하게 변화시켜 가십니다. 그리하여 신분상으로만 의로운 것이 아니라 실제로도 의로운 사람이 되게 하십니다. 이것을 성화라고 합니다. 하지만 이 땅에서 100% 성화를 이룰 수는 없습니다. 그것은 부활 이후에나 가능한 일입니다. 다만 성화를 향해 계속해서 달려갈 뿐입니다. 그래서 성도들은 서로를 정죄하기보다는 위로하고 격려해야 합니다.

07

제36문

예수님을 믿는 자들이
살아서 받는 복은 무엇일까요?

> **ⓘ 성도의 견인**
>
> 누가 우리를 그리스도의 사랑에서 끊으리요 환난이나 곤고나 박해나 기근이나
> 적신이나 위험이나 칼이랴 로마서 8장 35절　너희 안에서 착한 일을 시작하신 이
> 가 그리스도 예수의 날까지 이루실 줄을 우리는 확신하노라 빌립보서 1장 6절

　성경은 예수님을 믿는 자들도 환난과 박해와 기근과 위험을 겪을 수 있다고 말합니다. 하지만 그리스도의 사랑에서 끊어질 수는 없습니다(롬 8:35). 그래서 우리는 안전합니다. 예수님께서 변함없이 우리를 사랑하시기 때문입니다. 예수님께서 우리를 사랑하셔서, 구원이 완성되는 그 날까지 우리를 보호해 주시는 것을 '성도의 견인'이라고 합니다. 바로 이것이 믿는 자들이 살아서 받는 가장 큰 복입니다.

제37문

예수님을 믿는 자들이
죽을 때 받는 복은 무엇일까요?

> **❗ 낙원**
> 예수께서 이르시되 내가 진실로 네게 이르노니 오늘 네가 나와 함께 낙원에 있
> 으리라 하시니라 누가복음 23절 43절

예수님은 십자가에서 믿음의 고백을 한 강도에게 다음과 같이 말씀하셨습니다. "오늘 네가 나와 함께 낙원에 있으리라." 여기서 낙원은 하나님이 계신 곳을 말합니다. 이처럼 믿는 자들의 영혼은 죽는 즉시 하나님 곁으로 갑니다. 바로 이것이 우리가 죽을 때 받는 복입니다. 따라서 죽음은 더 이상 미지의 세계가 아닙니다. 죽음은 우리에게 두려움의 대상이 될 수 없습니다.

제38문

예수님을 믿는 자들이 죽은 후에
받는 복은 무엇일까요?

> **❶ 부활**
> 죽은 자의 부활도 그와 같으니 썩을 것으로 심고 썩지 아니할 것으로 다시 살아
> 나며 욕된 것으로 심고 영광스러운 것으로 다시 살아나며 약한 것으로 심고 강
> 한 것으로 다시 살아나며 고린도전서 15장 42-43절

성경은 믿는 자들이 죽은 이후에 겪을 일을 다음과 같이 말합니다. "죽은 자의 부활도 그와 같으니 썩을 것으로 심고 썩지 아니할 것으로 다시 살아나며 욕된 것으로 심고 영광스러운 것으로 다시 살아나며 약한 것으로 심고 강한 것으로 다시 살아나며."

이것은 우리의 부활을 묘사한 표현입니다. 우리는 다시는 죄를 지을 수 없는 몸, 다시는 죽을 수 없는 몸으로 살아날 것입니다. 죄와 죽음의 저주에서 벗어나는 것, 바로 이것이 우리가 죽은 이후에 받을 복입니다.

생각해보기

Think about it

Q. 죽음에 대해 어떤 생각을 가지고 계셨습니까?

Q. 우리가 부활한다는 사실을 어떻게 생각하십니까?

교회는 무엇일까요?

교회는 무엇일까요? 건물일까요? 그렇다면 좋은 교회는 어떤 교회일
까요? 크고 화려한 건물을 가진 교회일까요? 이 시간에는 교회의 참
된 의미에 대해 알아보겠습니다.

교회는 무엇입니까?

> **❶ 건물이 아니라 사람**
> 그를 만물 위에 교회의 머리로 삼으셨느니라 에베소서 1장 22절

한글 성경에서 '교회'라고 번역된 헬라어 '에클레시아'는 '부름받은 자들' 이라는 뜻입니다. 따라서 교회는 건물이 아닙니다. '하나님께서 부르신 사람들'이 바로 교회입니다. 하나님께서 부르셔서, 하나님을 예배하는 자들이 교회입니다. 하나님께서 부르셔서, 예수님을 믿는 자들이 교회입니다. 하나님께서 부르셔서, 세상과 구별된 삶을 사는 자들이 교회입니다.

교회의 머리는 누구입니까?

성경은 예수님이 교회의 머리라고 말하고, 교회는 예수님의 몸이라고 말합니다. 예수님과 교회는 영적으로 한 몸인데, 예수님이 머리의 지위에 계시고, 교회는 몸의 지위에 있다는 뜻입니다.

몸은 머리의 뜻대로 움직입니다. 마찬가지로 몸인 교회는 머리이신 예수님의 뜻대로 살아야 합니다. 예수님과 상관없이 사는 자들이 교회일 수는 없습니다. 그러므로 좋은 교회란 건물이 크고 화려한 교회가 아니라, 머리이신 예수님에게 순종하는 교회입니다. 오직 예수님만을 머리로 하는 교회입니다.

혼자서 교회가 될 수 있을까요?

> **❗ 성도의 교제**
> 너희도 성령 안에서 하나님이 거하실 처소가 되기 위하여 그리스도 예수 안에
> 서 함께 지어져 가느니라 에베소서 2장 22절

교회는 함께 지어져 가는 공동체입니다. 따라서 혼자서는 교회가 될 수 없습니다. 그래서 하나님은 한 사람에게 모든 재능을 주시지 않았습니다. 모든 사람에게 각각의 재능을 주셨습니다. 그러므로 건강한 교회는 한 사람이 모든 권한을 가지거나, 한 사람이 모든 일을 하는 교회가 아닙니다. 모두가 각자의 재능으로 서로를 섬기는 교회입니다. 그러므로 주일에 예배만 잠깐 드리고 교회를 떠나서는 안 됩니다. "함께 지어져" 가기 위해서는 함께 교제하는 일이 필수적입니다. 주일에 성도의 교제를 나누는 것은 선택이 아닙니다. 건강한 교회를 세우기 위해 꼭 해야 하는 일입니다.

우리는 왜 하나 된 교회를 이루어야 할까요?

❗ 교회의 통일성

아버지여, 아버지께서 내 안에, 내가 아버지 안에 있는 것 같이 그들도 다 하나가 되어 우리 안에 있게 하사 세상으로 아버지께서 나를 보내신 것을 믿게 하옵소서 요한복음 17장 21절

예수님은 교회가 하나 되기를 기도하셨습니다. 예수님께서 이렇게 기도하신 것은, "세상으로 아버지께서 나를 보내신 것을 믿게" 하기 위해서였습니다. 교회가 하나가 될 때, 세상이 그리스도를 믿게 된다는 뜻입니다. 교회가 서로 시기하고, 질투하고, 미워할 때는 복음 전파가 가로막힌다는 뜻입니다. 그래서 교회는 반드시 하나가 되어야 합니다. 편을 가르지 말아야 합니다. 가까운 사람끼리만 어울리지 말아야 합니다. 서로 미워하지 말아야 합니다. 이것을 교회의 통일성이라고 합니다.

특별한 사람만 교회가
될 수 있을까요?

❗ 교회의 보편성

너희는 유대인이나 헬라인이나 종이나 자유인이나 남자나 여자나 다 그리스도
예수 안에서 하나이니라 갈라디아서 3장 28절

성경은 "유대인이나 헬라인이나 종이나 자유인이나 남자나 여자나 다
그리스도 예수 안에서 하나이니라"라고 말합니다. 유대인만, 자유인만,
남자만 교회가 될 수 있는 것이 아닙니다. 예수님을 믿는 자라면 누구나
교회가 될 수 있습니다. 따라서 교회는 신분과 성별과 재산 같은 것으로
사람을 차별해서는 안 됩니다. 믿는 자들은 누구나 예수 안에서 하나이며
동등하기 때문입니다. 이것을 교회의 보편성이라고 합니다.

교회의 지체가 된 우리는
어떻게 살아야 할까요?

❗ 교회의 거룩성

이제 내가 너희에게 쓴 것은 만일 어떤 형제라 일컫는 자가 음행하거나 탐욕을
부리거나 우상 숭배를 하거나 모욕하거나 술 취하거나 속여 빼앗거든 사귀지
도 말고 그런 자와는 함께 먹지도 말라 함이라 고린도전서 5장 11절

성경은 교회에 대해 이렇게 말합니다. "만일 어떤 형제라 일컫는 자가
음행하거나 탐욕을 부리거나 우상 숭배를 하거나 모욕하거나 술 취하거
나 속여 빼앗거든 사귀지도 말고 그런 자와는 함께 먹지도 말라." 교회 안
에는 음행과 탐욕과 우상 숭배와 모욕과 술 취함과 거짓이 있을 수 없다
는 뜻입니다. 이런 행동을 한 번이라도 하면 교회에서 제명된다는 것이
아니라, 이런 죄가 교회 안에서 용인되어서는 안 된다는 것입니다. 그러
므로 교회는 거룩한 공동체가 되어야 합니다. 세상이 용인하는 허물이라
도 교회는 경계해야 합니다. 누구나 쉽게 범하는 일이라도, 하나님께서
금하신 일은 멀리해야 합니다. 이것을 교회의 거룩성이라고 합니다.

생각해보기

Think about it

Q. 지금까지 교회가 무엇이라고 생각하셨습니까?

Q. 교회에 대해 새롭게 알게 된 것은 무엇입니까?